D1661487

„Obazahlnischkannnischmehr!"

„Das waren siebzehn Bier, der Herr!"

F. W. Bernstein

6. Auflage 2012

Postfach 3407 · 26024 Oldenburg · www.lappan.de

Printed in Europe

ISBN 978-3-8303-3253-4

Der Lappan Verlag ist ein Unternehmen der Verlagsgruppe Ueberreuter.

Hans Borghorst

Wamma!

Deutsch – Betrunken
Betrunken – Deutsch

Lappan

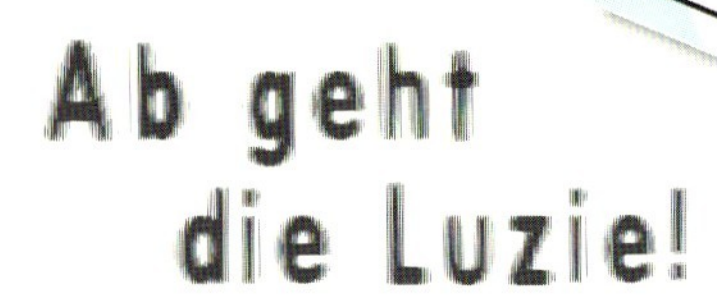

Betrunken	Deutsch
Kanada?	Keiner da?
Adobe	Ach, du bist es.
Schlange hier?	Bist du schon lange hier?
Sat 1	Seit 1:00 Uhr.
Navi Gates?	Na, wie geht's?
Stonnü	Bin noch stocknüchtern.

Ich trinke wenig …

… aber oft …

… und dann viel!

Was darf's sein?

Betrunken	→	Deutsch
Winona Bier?	→	Wein oder Bier?
Airbags	→	Er trinkt Beck's.
Angola???	→	Eine Cola???
Wildschwein?	→	Willst du Wein?
Draculaschmatz	→	Drei Cola-Schnaps.
Schampus-Vorhalle!	→	Schampus für alle!
Kaninchen Deckel machen?	→	Kann ich einen Deckel machen?

Flirt-Alarm!

Betrunken	→	Deutsch
Auster niedlisch!	→	Oh, ist der niedlich!
Stofftier?	→	Bist du oft hier?
Heissndu?	→	Wie heißt du?
Natascha N'Ding	→	Na, das ist ja ein Ding.
Voodoo tanzen?	→	Willst du tanzen?
Yeti hin?	→	Wo geht die hin?
Sudoku	→	So eine doofe Kuh.

Herr Wirt!

Betrunken	→	Deutsch
SachmaVietnam Kloogeht	→	Sag mir mal, wie es zum Klo geht!
HDTV?	→	Hast du einen Fernseher?
Gully?	→	Hast du mal einen Kuli?
Am Schaum spartanisch	→	Am Schaum spart ihr nicht.
Zahn!	→	Zahlen!
Queen Absacker?	→	Krieg ich einen Absacker?
Lidl disch	→	Ich liebe dich.

wenn einer nicht mittrinkt.

Das muss mal gesagt werden!

Betrunken	→	Deutsch
Alaska	→	Alles klar!
Office	→	Die Flasche ist offen.
Allianz schön breit	→	Alle ganz schön breit.
Fashion Week	→	Bin fast schon auf dem Weg.
Danzig	→	Danke für die Zigarette.
Ibiza	→	Ich bezahle.

Da geht noch was ...

Das Befahren des
Biergartens mit
Fahrrädern u. Motorrädern
ist verboten.

Betrunken	→	Deutsch
Duderstadt	→	Du, der starrt dich an.
Volvo noch ne?	→	Wollen wir noch 'ne Flasche trinken?
O2 bissüß	→	Oh, du bist süß.
Zahnfee-Kissen?	→	Sollen wir uns küssen?
Amazon?	→	Haben wir schon (angestoßen, Sex gehabt, etc.)?
Mecker!	→	Mmh, lecker!

Best of Kneipennamen
Teil 1

„Bar jeder Vernunft“, Berlin
„Dum Di Dum“, Hamburg
„Zum feuchten Hahn“, Berlin
„Perempempem“, Oberentfelden (CH)
„Pro Mille“, Hamm
„Sockenschuß“, Karlsruhe
„Ab der Fisch“, Düsseldorf
„Dr. Bier“, Karlsruhe
„Das Klo“, Berlin
„Babsi's Biercontainer“, Hamburg
„Lokal ohne Namen“, Gelsenkirchen
„Nachteule“, Dresden
„Beichtstuhl“, Berlin
„Klappsmühle“, Berlin
„Der kleine Wirt“, Hamburg
„Sargdeckel“, Halle
„Tüt-Ei“, Herne
„Je länger je lieber“, Berlin
„Küßmich“, Mühlheim
„Taliban Eck“, Linden
„Schluckspecht“, Hannover
„Die Treppnuff“, Mannheim
„Hühnertod“, Erlangen

Hilfe!
Ich bin unterhopft!!!

So sieht's aus

Betrunken	→	Deutsch
Viagra	→	Wir sind alle granatenvoll.
Valium	→	Gleich fall ich um.
Na Teelicht	→	Natürlich.
Stehtisch	→	Ich versteh dich.
Detroit sich was	→	Die traut sich was.
Bin Laden	→	Bin total geladen.

SCHÖNTRINKEN?
SCHÖN-
GESOFFEN

S FUNKTIONIERT!

Bis einer heult ...

Betrunken	→	Deutsch
Särge?	→	Willst du Ärger?
Mammaplatzda!	→	Mach mal Platz!
Clarence draußn	→	Wir klären das draußen.
Sissi Türsteher?	→	Sind Sie der Türsteher?
Kakadu!	→	Ich kann Karate, du!
Lasso!	→	Lass los!
Gebeinhaus	→	Ich geb einen aus.

Flirt-Alarm! - 2. Versuch

Betrunken	→	Deutsch
Du bist Sushi!	→	Du bist so schön!
Queen Kuss?	→	Krieg ich einen Kuss?
Visagist Meymann?	→	Wie sag ich's meinem Mann?
Bosch-Pinsogeil	→	Boah, ich brauch körperliche Zuwendung.
Sinti-Hecht?	→	Sind die echt?
Chihuahua sinn!	→	Sie war Wahnsinn!

SCHÖNTRINKEN?
SCHÖN-
GESOFFEN

ES FUNKTIONIERT!
NÜCHTERN
BETRACHTET

Der Nachschub muss rollen ...

Betrunken		Deutsch
Heinz!	→	Noch eins!
Chanel No. 5!	→	Schnell noch mal fünf Bier!
Mama Nonne!	→	Mach noch mal eine Runde!
Canon Bierhahn?	→	Kann ich noch ein Bier haben?
Zaun noch einen?	→	Willst du auch noch einen?

Bloß nicht schwächeln!

Betrunken	→	Deutsch
Das is Zivi fümmich	→	Das ist zu viel für mich.
Spinett!	→	Jetzt fang nicht an zu spinnen!
W-Lan-Loch?	→	Wie lange noch?
Bagdad nich	→	Ich pack das nicht.
Syphilis Syphil	→	Was zu viel ist, ist zu viel.
Blaupunkt!	→	Ich bin blau, Punkt!

Gebt alles –
der Gewinner bekommt sein
nächstes Getränk mit
Schirmchen!

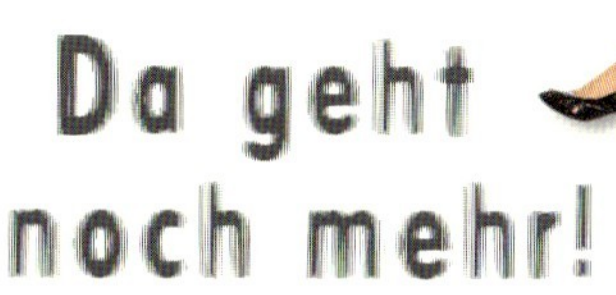

Da geht noch mehr!

Betrunken	→	Deutsch
Badabum	→	An der Bar da gibt's was zu bumsen.
Vodafone?	→	Wo, da vorne?
Beamer de Romantica	→	Ich bin mehr der Romantiker.
Werwolf was?	→	Wer wollte noch was?
Manhattan Hunni Meer	→	Man hätte 'nen Hunderter mehr einstecken sollen.
AlessiBuddha	→	Alles in Butter.

Unter uns

Betrunken	→	Deutsch
Dackel!	→	Da ist der Kellner!
Die Ärzte gute Mucke heut	→	Die erste gute Musik heute.
Wittimmalau Terrier	→	Wird immer lauter hier.
Fata Morgana	→	Vater mag auch noch einen.
Motivation göbeln	→	Mutti hat sich schon übergeben.

Für Dich:
Hausverbot!

NELTINS

Was ist los?

Betrunken	→	Deutsch
Cindy?	→	Wo sind die?
Comedy?	→	Wann kommen die?
Hasso fass?	→	Hast du was?
Masken-Sittich?	→	Machst du den Sittich?/ Gehst du?
Eishockey?	→	Alles okay?
Pin-Code?	→	Bin ich scheiße?

Wer tanzt,
hat bloß
kein
Geld
zum
Saufen!

Best of Kneipennamen

Teil 2

Zum stillen Zecher, Bayreuth
Not & Elend, Berlin
Bei Muttern, Dresden
Prösterchen, Braunschweig
Hebe Eck, Offenbach
Trinkteufel, Berlin
Absturz, Leipzig
Zum letzten Cent, Trier
Die Gute Stute, Frankfurt
Fast wie zu Hause, Magdeburg
Delirium, Marburg
Coole Wampe, Berlin
Beim Herrn Kurt, Augsburg
Sumpf, Hannover
Wurstloch, Kaufbeuren
Zum feuchten Dreieck, Quakenbrück
Gibt's doch ga net, Stuttgart
Affenhaus, Detmold
Papperla Pub, München
Boxenstopp, Augsburg
The Queen's Legs (GB),
mit Zusatzschild „Always Open"

Klare Ansagen

Betrunken	→	Deutsch
Nuschlnisch!	→	Hör auf zu nuscheln!
Brille nisch Rum!	→	Brülle nicht herum!
Hömma!	→	Hör mal bitte zu!
Zeima!	→	Zeig mal her!
Wamma!	→	Warte mal!
Schmuss!	→	Ich muss jetzt los!

Botschaften an das Volk

Betrunken	→	Deutsch
Bikini!	→	Ich bin der König!
Chabs!	→	Ich hab's!
Sperma ohrnauf!	→	Sperr mal die Ohren auf!
Dalebeissön	→	Das Leben ist schön.
Agathe Bauer!	→	I've Got The Power!

Hm, das bisschen, was ich esse, kann ich eigentlich auch trinken ...!

Noch Fragen?

Betrunken	→	Deutsch
Wasnjetz?	→	Was ist denn jetzt?
Wau?	→	War das deine Frau?
Steinpilz?	→	Ist das dein Pils?
Hammernoch Eis?	→	Haben wir noch Eis?
Havanna!	→	Haben wir noch!
Opfernochn-kriegn?	→	Ob wir noch ein Bier kriegen?
Ägypten?	→	Wer gibt einen aus?

Betrunken	→	Deutsch
Sackgasse misch liebs!	→	Sag, dass du mich liebst!
Libido!	→	Ich lieb dich doch!
Wurst immer Döner	→	Du wirst immer schöner.
Hömmasespieln Ulli!	→	Hör mal, sie spielen unser Lied!
Willstemisch Ei raten?	→	Willst du mich heiraten?
Veni vidi vici fici!	→	Wenn nicht, werde ich mich Vicky schlafen!

Mir doch egal!

Betrunken	→	Deutsch
Hund?	→	Na und?
Schaumama	→	Schaun wir mal.
Schweissesnich	→	Ich weiß es nicht.
Schmierwurst	→	Ist mir egal.
Ibineubobachta	→	Ich bin neutraler Beobachter.

REALITÄT
ist eine
Illusion,
die durch Mangel
an Alkohol
entsteht.

Wer nicht fragt, bleibt dumm

Betrunken	→	Deutsch
Simmern?	→	Wo sind wir denn jetzt?
Kansas?	→	Kennst du das?
Kevin?	→	Kennen wir ihn?
Caddy?	→	Kennst du die?
Western das?	→	Wer ist denn das?
Citigroup?	→	Sind die Groupies?

Dinge, die geklärt werden müssen

Betrunken	→	Deutsch
Sgdn?	→	Was geht denn?
Machstn?	→	Was machst Du?
Laminat online!	→	Lass mich nicht allein!
Opferstock-besoffn sind?	→	Haben wir zu viel getrunken?
Pferd?	→	Wer fährt?
Schlaufe	→	Ich laufe.
Funny Metaxa	→	Ich fahre nie mit dem Taxi.
Bio-Mittelalter	→	Bin ohne Mittel, Alter.

So, jetzt robben Sie 500 Meter in diese Richtung, Herr Meyer – und da ist dann der Taxistand!

Zukunftspläne

Betrunken	→	Deutsch
Puffotter?	→	Wir gehn noch in den Puff, oder?
Kloake?	→	Ich geh zum Klo, o.k.?
Salvenochntrinken?	→	Sollen wir noch einen trinken?
Bacardi an	→	Ich baggere die jetzt an.
Hausschuh ab?	→	Haust du schon ab?
Banause	→	Ich muss bald nach Hause.

Was ich noch zu sagen hätte ...

Betrunken	→	Deutsch
Häbödä!	→	Happy Birthday!
Frostern!	→	Frohe Ostern!
Freinachten!	→	Frohe Weihnachten!
Schörestle!	→	Schönes Restleben!

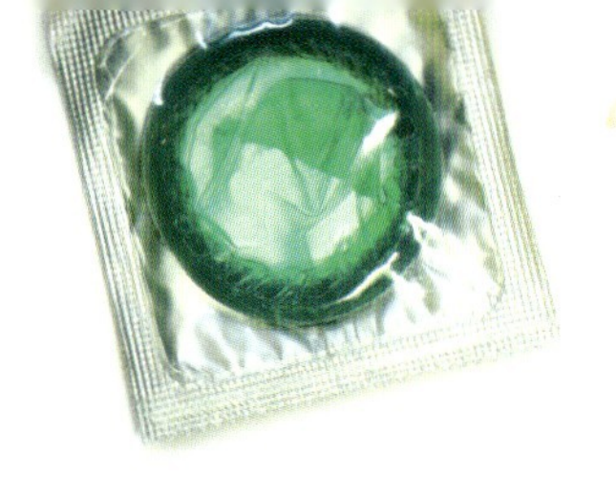

Zur Sache, Schätzchen

Betrunken	→	Deutsch
Hase Lust?	→	Hast du Lust?
Mach Marokko	→	Mach mal den Rock hoch!
Business?	→	Bist du schon feucht?
Der Da Vinci	→	Der ist ja winzig.
Ghetto-Mofas?	→	Geht da noch was?
Jazz Onanie	→	Jetzt oder nie.
Ich tu Vatikan	→	Ich tu was ich kann.

Der Nachschub muss weiter rollen

Betrunken	→	Deutsch
Madonna	→	Mach mir doch noch ein Bier!
Kette Herne Polier	→	Ich hätte gerne 'ne Pulle Bier!
Kino einen?	→	Krieg ich noch einen?
Kaninchen Bier ham?	→	Kann ich ein Bier haben?
Folter anno fass?	→	Wollt ihr auch noch was?

Ey, voll heftig, ey! Isch bin so breit – mir verrutscht schon die Schpräschblase!

Eine Frage noch!

Betrunken		Deutsch
BMW?	→	Bin ich im Weg?
Pisste Pool?	→	Bist du schwul?
Asbach?	→	Ach was?
Hospital?	→	Hast du bezahlt?
Costas?	→	Was kostet das?
Hä, aua spei?	→	Ist die Happy Hour schon vorbei?

Warnhinweise

Betrunken	→	Deutsch
Ballade nisozu!	→	Ballere dich nicht so zu!
CSI: Mainz	→	Sieh es ein, das ist meins.
Sperrmüllaugen!	→	Sperr mal die Augen auf!
Hammerklappe!	→	Halt mal den Mund!
Paparazzo	→	Papa ratzt schon.
Kritikriese	→	Ich krieg die Krise.

Unser letzter Wille:
Ein Mann mit Promille!

Wie ist die Gesamtsituation?

Betrunken	→	Deutsch
ASU!	→	Alles super!
Guinness die Party	→	Ich genieß die Party.
Bingo zuffi	→	Bin gut zufrieden.
Bifi fettig	→	Ich bin fix und fertig.
Philosophen	→	Hab zu viel gesoffen.
Phönix	→	Für nix und wieder nix.
Chile	→	Ich schiele.
Ich trink Nivea	→	Ich trink nie wieder.

Herr Wirt!
Hab ischauch allsgetrunkn, was ich bzahlthabe???

Was sagt die Uhr?

Betrunken	→	Deutsch
Flur?	→	Wie viel Uhr ist es?
Spedition?	→	So spät ist es schon?
Schowölf?	→	Schon zwölf?
Scheins?	→	Schon eins?
Shell?	→	Schon hell?
Schmerz?	→	Schon März?

Betrunken
Nüchtern

LEKTION 30

Ich muss weg!

Betrunken	→	Deutsch
Farmer!	→	Fahren wir!
Ikea	→	Ich geh auch.
Morphium sieben raus	→	Morgen früh um sieben muss ich wieder raus.
Einstein!	→	Einsteigen!
Zement!	→	Einen Moment!
Cognac nichtfinne	→	Kann meine Jacke nicht finden.
Soundtrack!	→	So’n Dreck!
Wirsing!	→	Auf Wiedersehen!

DamunHerrn, unnnjetz: ...
... die trinktächnischen Fachpegriffe!
Wamma
Deutsch –
Betrunken –
Das hochprozentige

ALKOHOL-

Aldi-Security Menschen, die ihr Bier gerne direkt vorm Aldi trinken

Krawallbrause Alkohol mit Kohlensäure

Ich hab einen Handwerker im Kopf Umschreibung für das Pochen im Kopf am Morgen ‚danach'

Flüssige Überredungskunst Alkohol

Gumbel Vom Alkohol gerötete Nase

Oral verklappen Trinken

Langeweile im Mund Lust, sich zu betrinken

Schenkelöffner Alles, was Frauen willig macht, z.B. Alkohol

Gedächtnisradiergummi Alkohol

Aldi-Sterbehilfe Billige Getränke vom Discounter

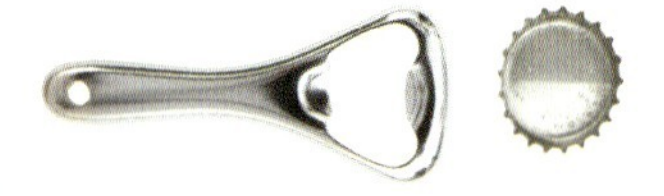

FACHBEGRIFFE

Brandbeschleuniger Hochprozentiger Alkohol

All-you-can-drink-Party Partys mit Getränken zum Pauschalpreis

Spritti Jemand der ständig säuft

Stereosaufen Wenn jemand mehrere Getränke gleichzeitig konsumiert

Therapeutisches Saufen Trinken, um seine Probleme zu vergessen

Druckbetankung Wenn jemand es eilig hat, betrunken zu werden

Taktisches Kotzen Der Punkt, an dem man kotzen muss, um wieder trinken zu können

Promilleprinz Jemand, der gute Aussichten hat, der erfolgreichste Säufer des Abends zu werden

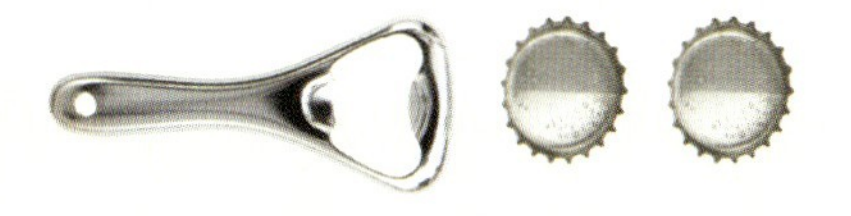

ALKOHOL-

Gehirnkirmes Die Wirkung des Alkohols

Fratzenfasching Alkoholbedingt auftretende Gesichtsentgleisungen

Mädchenbier Ein Biermischgetränk mit geringem Alkoholgehalt

Flüssigwecker Energy-Drink

Don Promillo Der mit dem höchsten Alkoholgehalt

16:9 Bildformat Die veränderte Sichtweise unter Alkoholeinfluss

Flüssiger Mut Alkohol

Säufersonne Mond

Komajunkie Jemand, der ständig betrunken ist

FACHBEGRIFFE

Leberverarsche Alkoholfreies Bier

Spritkuh Eine Frau, die oft und viel trinkt

Rennpils Ein Bier, das man schnell trinkt, weil man in Eile ist

Reinschädeln Alkohol auf Ex trinken

Saufwunder Jemand, der ohne Ende Alkohol trinken kann

Schädel fluten Trinken

Wackelkandidat Betrunkener

Passivsaufen Wenn man sich in der Nähe von jemandem aufhält, der eine starke Alkoholfahne hat

Wie heiße ich?

Bin ich Männlein oder Weiblein?

In welchem Land befinde ich mich?

Wer ist der Mensch, der neben mir liegt?

Wo sind mein Handy, mein Geld und mein Kurzzeit-gedächtnis?

Bin ich zur Fahndung ausge-schrieben?

Wieviel ist 1 + 1?

Welche Flüssigkeit läuft an meinem Bein herunter?

FIESES VOM FEINSTEN:
grandios und gnadenlos!

ISBN 978-3-8303-3237-4

ISBN 978-3-8303-3280-0

ISBN 978-3-8303-3304-3

www.lappan.de